LETTRE

DE

* * * * *

A

Mr. S. B.

Docteur en Médecine à KINGSTON, *dans la* JAMAÏQUE, *au sujet des Troubles qui agitent actuellement toute l'Amérique Septentrionale.*

A LA HAYE,

Chez **PIERRE-FREDERIC GOSSE,**
Libraire de la Cour.

M. DCC. LXXVI.

LETTRE

DE

Mr. * * * * *

A Mr. S. B. , Docteur en Médecine à KINGSTON, *dans la* JAMAÏQUE, *au sujet des troubles qui agitent actuellement toute l'Amérique Septentrionale.*

VOUS me demandez , Monsieur, de vous dire, en peu de mots, mon sentiment sur la querelle des Colonies Angloises avec la Mère-Patrie. Vous exigez apparemment une opinion motivée ; & ce n'est pas une petite affaire. *Magnam rem postulasti.* Vous trouverez ci-jointe une brochure contenant les droits de la grande Brétagne sur les Colonies (*a*), qui pour-

ra

(*a*) *The Rights of Great Britain against the Claims of America, being an Answer to the decla-*

ne vous mettre au fait. C'eſt aſſez pour quelqu'un qui veut s'inſtruire, & rien ne ſauroit convaincre ceux qui ſont frappés d'aveuglement, par quelque paſſion, ſoit de jalouſie, d'envie ou de haine nationale. On n'a jamais vu de Logomachie plus Sophiſtique, que celle qu'on a faite à ce ſujet. Je ne vous dis rien du droit inconteſtable que les Anglois ont de taxer leurs ſujets des Colonies. La ſouveraineté, & le pouvoir légiſlatif doivent exiſter quelque part; & l'Empire Britannique n'en connoit, ſelon ſa Conſtitution, que les trois pouvoirs réunis. Je n'entrerai qu'en paſſant, dans aucune de ces diſcuſſions. Il y a des écrits qui ſont des chefs-d'œuvres, & qui ne laiſſent rien à deſirer là-deſſus. Je m'arrêterai uniquement à des faits dont la connoiſſance m'a conduit à des Réflexions politiques, qui intéreſſent l'humanité & toutes les Nations policées de l'Europe; les Souverains en général, & les ſujets en particulier.

Venons d'abord aux faits.

1°. Perſonne ne ſauroit nier que c'eſt un phénoméne politique, ſans exemple, que l'accroiscroiffement que les Colonies Angloifes ont acquis en moins d'un fiécle.

2°. Qu'elles doivent leurs progrès, non feulement à la douceur du Gouvernement Anglois, à la nature du terrein, au Climat, mais auffi à la bonté & furtout à la générofité de la Mere-Patrie. Cela eft prouvé & démontré par les Actes authentiques du Parlement, qui leur a accordé en primes, gratifications, indemnités & encouragements, au-delà de fix Millions Sterlin, pour protéger leur culture, leur Commerce & autres établiffements : munificence inconnue dans les Annales de l'Histoire.

3°. Il appert encore par les extraits de la tréforerie, que le Gouvernement à dépenfé pour déffendre les Colonies, contre des invafions étrangères, chez elles & pour elles, beaucoup au-delà de 34 Millions Sterlins.

NB. Les fecours que les Américains ont fournis, ont été bien payés & même gratifiés.

4°. La Nation Angloife les a plus enrichis par leur Commerce, qu'ils ne fe font enrichis eux-mêmes. Cette Nation fait tout en grand. Qu'on interroge les habitans de la Martinique, de la Guadeloupe, de Cuba, du Canada ; il n'y a qu'une voix là deffus.

5°. De

5°. De l'aveu même des Américains, ils ne payoient que de petites taxes, qui regardoient feulement le Commerce. Cependant il a été prouvé qu'ils ont payé de tout temps, fans contradiction, d'autres petites taxes; mais le tout fi léger, fi modéré, qu'il n'y en a point d'exemple dans aucune Monarchie, ni République quelconque. Les fujets de la Monarchie Brittannique en Amérique, ne payoient point, à proportion, *un fol, de trois chelins, que payent les autres fujets de l'Empire.*

6°. L'emblême de deux Bœufs à la charrue, avec l'exergue, *æquo jugo*, eft une devife facrée, dictée par la juftice & l'équité.

7°. Un contract Social ne fauroit fubfifter ni être légal, fi tous les avantages font d'un côté, & les charges de l'autre. Les petites reftrictions au fujet du Commerce des Colonies, & l'acte de la Navigation, font juftes & conftitutionals ; & l'exiguité de l'objet n'eft pas comparable aux autres avantages dont les Colonies jouiffent.

8°. L'Acte du Timbre, adopté dans prefque tous les païs policés, gendarma ceux de la Baye de Maffachuet; & au mépris des Loix, de tout principe d'ordre, de juftice & de devoirs, ils ont brulé, pillé le papier timbré & fait mille avanies aux employés de la Légiflation;

tion, au lieu de faire des Remontrances légales.

9°. Le Parlement a eu la condefcendance de révoquer cet Acte, qu'on difoit être nuifible au Commerce; car les Américains n'ofoient pas encore ouvertement contefter le droit que le Parlement avoit de les taxer. Il ne faut pas oublier que Monfieur Grenville leur dit, que s'ils vouloient fe taxer eux-mêmes, on le leur accorderoit fur un plan plaufible. Ce point important demande quelques détails hiftoriques.

Il eft prouvé par une Lettre de Mr. Grenville à Mr. Pownal, au fujet de l'Acte du Timbre, qu'on étoit difpofé à leur accorder des Repréfentants, ou toute autre façon de fe taxer eux-mêmes. Ce Miniftre n'a par feulement propofé ce moyen aux Agens des Colonies; mais il l'a même recommandé avec chaleur. Ce fut au mois de Mars 1764, que les Communes approuverent la nature de la taxe fur le timbre & la poffibilité de fon exécution; mais on différa de convertir la réfolution en Acte ou Loi, par la *raifon expreffe* d'accorder aux Colonies le tems de propofer un autre moyen de taxation, également productif. Les Agens des Colonies ont conféré à ce fujet avec Mr. Grenville féparément & en Corps; & voila ce qu'un

de

de leurs Agens a déclaré avoir entendu de la bouche même de Mr. Grenville.

„ Au commencement de la guerre, dit ce Mi-
„ niftre, nous étions chargés d'une dette de 70
„ Millions ; & elle nous a laiffé à fa fin avec une
„ augmentation de dette au-delà de 140 Mil-
„ lions (a). Les établiffements civils & militai-
„ res, formés après la paix d'Aix-la-Chapelle, fe
„ montoient feulement à 70 Mille Livres Ster-
„ lin, & font maintenant augmentés, jufqu'a 350
„ Mille Livres Sterlin. Cette dépenfe additio-
„ nelle de 240 Mille Livres Sterlin, a été faite
„ pour les Américains. Mr. Grenville ajoute
„ qu'il n'attendoit pas des Colonies qu'elles le-
„ vaffent toute la fomme ; mais qu'elles devoient
„ en fournir une partie ; que la taxe du Timbre
„ lui paroiffoit le moyen le plus jufte & le moins
„ coûteux pour la perception, mais qu'il n'en
„ étoit pas tellement engoué, qu'il ne préférât
„ tout autre moyen que les Colonies lui four-
„ niroient, en fe taxant elles-mêmes.

Quelque temps après fur le refus des unes, & les réponfes équivoques des autres, il leur fit favoir que fi elles ne fe taxoient pas elles-mê-

(a) NB. Cette dette a été, depuis la paix, reduite à moins de 128 Millions, malgré l'affaire de Falkland & des Colonies.

mêmes, comme on le leur avoit infinué, le Parlement les taxeroit. Ces circonftances ont bien embarraffé l'oppofition, qui a affecté de les ignorer. Vide Acts relatifs to Colonies pag. 248. jufqu'à 306.

10°. La douceur de ce procédé, & l'impunité de leur premier excès, j'ofe dire crime, les enhardit à en commettre d'autres plus grands, en confpirant contre leur légitime Souverain.

11°. Leur audace a éclaté lorsque par une feconde condefcendance & conceffion, le Gouvernement, a aboli de très petites taxes qu'on avoit mis fur l'étain, la Cérufe &c. en laiffan feulement fubfifter un petit droit fur le thé, comme un objet de luxe, & de Commerce, & cela en fuprimant un autre impôt beaucoup plus confidérable.

12°. Les Américains fe font oubliés au point de détruire dans plufieurs endroits & plufieurs fois, la propriété d'autrui, en brulant le Thé, comme fi on avoit voulu les forcer d'en boire. Cet attentat ne différe en rien de ceux des brigands & des voleurs de grands chemins.

13°. La longanimité du Gouvernement Anglois, en partie par la nature de fa Conftitution, en partie par d'autres motifs, a encore ufé de ménagement envers des Rebelles fi dénaturés : ce qui leur a donné le tems de s'armer, & de rendre plus difficiles, plus couteux, plus ruineux & plus fanguináires, les moyens indifpenfables que la raifon, la juftice, la Politique, la dignité de la Courone & l'honneur de la Nation exigent qu'on employe pour les faire rentrer dans leur devoir.

14°. On ne nie pas que peut-être les Colonies en général, ou quelcune en particulier, ne puiffent avoir quelques griefs fondés qui exigent des ammendements ; auffi le Miniftére a déclaré plus d'une fois, que fi les Américains vouloient faire des propofitions plaufibles, on pafferoit jufqu'à l'indulgence, pour tâcher de les fatisfaire ; pourvû qu'elles reconnuffent la Suprématie de la Mere-Patrie ; mais ils n'ont jamais fait aucune propofition qui ne tendît à l'indépendance, au moins avant le commencement des hoftilités.

15°. On leur a accordé de fe taxer eux-mêmes, ce qui a été le premier prétexte de leur mécontentement ; & on leur a infinué que les taxes feroient pour leur propre défenfe & fécurité, dépenfées chez eux & pour eux.

16°. Les Impôts modérés font auffi néceffaires pour la confervation d'un païs, que leur excès eft dangereux. Regimber contre des taxes modérées, eft une folie. Indépendamment

ment de l'abſurdité , les inconvénients en ſont mille fois plus dangereux. Les Américains, en ſe conformant aux taxes modérées, auroient continué à être le peuple le plus heureux qui eût jamais exiſté ſous les cieux : ils étoient libres : ils jouiſſoient d'un Commerce lucratif : ils n'avoient d'autres ennemis que les vents & les flots. Par leur Rébellion dénaturée ils ont perdu leur Commerce : ils ſont en bute aux horreurs d'une guerre civile ; & les Auteurs de leur révolte, les tyranniſent, en leur impoſant des taxes oppreſſives, en leur ôtant la liberté, en prenant leur argent pour du papier, & en exerçant les vexations les plus inhumaines.

17°. Le Pouvoir légiſlatif peut abolir des Loix, les altérer & les modifier, mais il reſte à prouver que la Mere-Patrie en a fait uſage vis-a-vis des Colonies, quant à leurs Chartres.

18°. Les Chartres accordées par les Rois d'Angleterre, n'ont point la force de Loix ſans la ſanction du Parlement. C'eſt comme ſi les Colonies de Surinam ou des Berbiches refuſoient de payer les taxes impoſées par LL. HH. PP. ſous prétexte que d'anciens Princes d'Orange les en euſſent diſpenſé. Mais encore un coup, ce n'eſt pas là le cas en queſtion : on ne leur a jamais refuſé d'avoir des Repréſentans au Parlement : ils ne l'ont jamais demandé ; &
d'ail-

d'ailleurs ils font, â cet égard, dans le cas des trois quarts des habitans de la Grande Bretagne. Chaque Membre du Parlement repréfente virtuellement & potentiellement toute la Nation dont il doit défendre les intérêts : en tout cas on leur a accordé de fe taxer eux-mêmes.

19°. Tous ceux qui ont été dans le Miniftère depuis le Commencement des brouilleries, Whigs & Torris, ont fuivi les mêmes principes par rapport aux Colonies; parce qu'ils font inconteftables. Le Syftême actuel, loin d'étendre la prérogative Royale, ne foutient que la caufe de la Nation: & ceux qui font actuellement dans l'oppofition, ont penfé & agi de même, quand ils ont été à la tête des affaires.

20°. Tous les habitants des Colonies, quand ils fe trouvent en Angleterre, peuvent élire des Membres du Parlement, quand ils font qualifiés. Ils font égalcment éligibles : il y en a plufieurs exemples.

21°. Il n'y a point de liberté là où il n'y a point de fubordination.

22°. Il réfulte de tous les faits authentiques ci-deffus énoncés, que le Parlement d'Angleterre & le Miniftére Britannique, loin d'avoir outre-paffé leurs juftes droits fur les Colonies, & d'avoir été au-delà, font reftés beaucoup

coup en deçà ; & ceux qui ignorent la Conftitution & les circonftances étranges, dans les-
quelles ils fe font trouvés, pourroient les blâ-
mer beaucoup, non de ce qu'ils ont fait, mais
de ce qu'ils ont laiffé de faire. Toute autre
Nation, moins puiffante & moins fiére, auroit
pu avec raifon être foupçonnée de pufillanimité,
de timidité & de foibleffe. Je vous en dirai-
mes fentiments dans une autre Lettre.

Voila des faits de notoriété publique : ceux
qui les ignorent, peuvent s'en convaincre ; &
ceux qui les nient après l'examen, ne valent
pas la peine qu'on raifonne avec eux. Ou ce
font des Enthoufiaftes, ou de ces efprits Ambi-
dextres, *qui candida in nigrum vertunt.*
L'abus des termes & leurs éternelles pétitions
de principes, ont induit en erreur des gens qui fe
font bonnement laiffés éblouir par la profana-
tion qu'ils ont fait du nom facré de liberté, de
Chartres, pour masquer le renverfement de tout
ordre & de toute liberté, qui réfulte de leurs
principes d'Anarchie, de tyrannie & de Defpotifme ; car ils cherchent à en faire des entoufiaftes, qui du fanatisme courrent à l'efclavage.
C'eft l'efprit de Cromwel qui malheureufement
à germé dans les régions fauvages de l'A-
mérique.

Paffons à préfent aux Réflexions politiques
que

que je vous ai annoncé au commencement de ma Lettre.

Observez d'abord qu'on peut assurer à la gloire de notre siécle, que nos philosophes modernes ont réussi depuis quelque tems, à inspirer un esprit d'humanité, de tolérance & de modération qui a pénétré avec succès jusque dans l'intérieur des Cabinets des Princes. On est revenu du Machiavélisme. On a presque généralement adopté les Maximes opposées aux principes arbitraires & tyranniques. On a proscrit cet Axiome atroce, qui au commencement du siécle séduisoit encore les Ministres d'une Nation douce & débonaire. Vous voyez bien que je parle de cette Politique sombre & tortueuse, qui tendoit à opprimer le peuple, le Cultivateur, les Artisants, &c. afin de prévenir leur révolte, & les rendre plus industrieux. On commence à sentir qu'un Prince, qu'un État, qu'un Souverain quelconque ne sont puissants qu'autant que leurs sujets sont heureux, libres & aisés; que le grand nombre ne doit pas être sacrifié à quelques particuliers; que l'égalité & la liberté politique & civile sont un droit de la Nature. Les États sont différents; mais les hommes sont égaux. Un Citoyen ne doit craindre que les Loix; mais il doit les respecter & les observer.

Ces

Ces maximes & plufieurs autres commen-
çoient à percer de tous côtés ; mais voila malheureufement que par l'abus de ces principes
& leur mauvaife application, on n'en élude
pas feulement l'utilité, mais qu'on les fait fer-
vir à tout ce qu'il y a de plus contraire à ces
mêmes principes. C'eft ainfi que la vérité
nous conduit fouvent à l'erreur. Mais ce qu'il
y a de plus dangereux, de plus trifte, de plus
déplorable, ce font les conféquences funeftes
pour l'humanité, que l'exemple des Colonies
Angloifes fera tirer, dans la fuite des tems,
aux Politiques fubalternes qui infeftent les Pa-
lais des Princes & les cabinets des Miniftres.
Voici le langage fpécieux qu'ils tiendront : toutes
ces maximes d'humanité, de modération & de
liberté, font des germes de révolte, de défordre & d'Anarchie : c'eft une fauffe Théorie
que l'expérience dément.

L'Efpagne, dira-t-on, poffède de vaftes
Royaumes en Amérique depuis près de trois
fiécles ; à peine y a-t-il eu des exemples fé-
rieux d'une révolte ; les petites convulfions ont
été étouffées dès leur naiffance ; on fuivoit les
anciennes Maximes ; on tenoit les Colonies
dans l'indigeance ; on abaiffoit, felon Tarquin,
les pavots qui s'élevoient dans les parterres au
deffus des autres. Leurs progrès furent moins
grands ;

grands; mais la poffeffion fut plus affurée ; au lieu que les Anglois, continueront ils, avec leur manie de liberté & leur folle prodigalité, ont élevé des monftres ingrats pour leur mordre le fein. C'eft une fuite du renoncement qu'ils ont fait aux vrais principes de l'ancienne politique.

Un difcours fi fpécieux, foutenu d'exemples fi frapans, ne pourra-t-il pas dans la fuite, féduire les Monarques, & les Grands, trop difpofés à en faire ufage : on dira comme Photin à Ptolomée :

La juftice n'eft pas une vertu d'Etat :

Le choix de nos actions, ou mauvaifes ou
    bonnes,
Ne fait qu'anéantir la force des Couronnes :
Le droit des Rois confifte à ne rien éparg-
    ner :
La timide équité détruit l'art de regner.
    &c. &c. &c.

Que deviendront alors les Rois & les Peuples ? Le Defpotifme & la tyrannie avec la foule des maux qui en réfultent, s'établiront fur les débris des fondements de la jufte liberté, des principes de l'humanité & de la faine politique qu'on a eu tant de peine à établir. Les
Ma-

Maximes contraires feront autorifées & jufti-
fiées par l'exemple des Colonies Angloifes,
comparées avec les autres Colonies envers les-
quelles on a tenu une conduite oppofée. Les
gens fages & modérés, les amis de l'humanité,
les partifants de la liberté, n'oferont plus élever
la voix. Ils gémiront, en fecret, des malheurs
de leurs contemporains. Quelques uns auront
la foibleffe de douter de la vérité de leurs principes, dont l'abus feul fera caufe des malheurs
qu'on déplorera. Voila, Meffieurs les Coloniftes, ou plutot les défenfeurs de leur mauvaife caufe, à quoi vous expofez votre fiécle &
la poftérité. Oüi la poftérité: vous affaffinez
par vos fophismes, les races futures: vous
mettez le glaive entre les mains des tyrans:
vous armez le fort contre le foible: vous étouf-
fez dans le cœur des Princes, autant que cela
dépend de vous, le germe de la vertu, de la
modération & de l'humanité; & comme le plus
fort fubjuguera toujours le plus foible, le nombre de vos victimes fera infini.

J'en ai affez dit pour ceux qui font capables
d'entendre raifon, & trop pour ceux qui vou-
droient affecter de ne pas entendre cette fimple
Logique, qui intéreffe fi fort l'humanité.

Je déclare que mes raifons ne s'adreffent
point à vos Anglois. Ceux qui entendent votre

lan-

langue; (Je dis votre langue; car vous êtes na-
turalifé Anglois) en favent plusque moi. Je
voudrois pouvoir éclairer les étrangers, qui fe
font laiffés féduire par les fauffes affertions des
Américains. J'entends ceux qui font de bonne
foi; car les jaloux, les envieux & ceux qui
ont le malheur d'avoir une haine nationale,
n'entendent point raifon. Pour fermer la bouche à ceux-là, il faut feulement leur demander
comment ils raifonneroient fi leurs Colonies
imitoient la conduite des Colonies Angloifes.
On doit encore les exhorter à voir impartiale-
ment, & à examiner la façon dont toutes les
autres Colonies ont été traitées & le font encore par la néceffité & les circonftances, & les
comparer avec les procédés que les Anglois ont
eu avec les leurs. Cela leur donnera beaucoup à
penfer; & ils ne parleront que moins. Leur
cœur, leur raifon, leur efprit & leur confcien-
ce démentiront les vaines déclamations qu'ils
affectent pour dénigrer la conduite du Miniftère
Anglois.

Quand vous aurez lu cette brochure, fur les
droits de la Grande Bretagne, lifez les Remar-
ques fur les principaux Actes du 13e. Parlement, par l'Auteur des *Lettres concernant
l'état préfent de la Pologne*. C'eft un Auteur
de la plus haute réputation, auffi impartial que
fincère:

fincère : il cenfure même avec décence, quelques démarches du Gouvernement & du 13.^e
Parlement, au fujet du fond & de la for-
me de leurs Plans. Vous verrez dans ces
Lettres, l'extrait de toutes les Chartres : vous
parcourerez, avec aifance, ce Méandre tortueux,
& le labyrinte de la jurisprudence. Vous y
verrez clair comme le jour, que les prétendues
Chartres ne favorifent guére les prétentions des
Colonies. Excepté Maryland & la Penfilvanie,
elles n'ont été primordialement accordées qu'à
des Corporations, dont les Chefs refidoient dans
le Royaume. Les exemptions des taxes n'ont
été que pour un certain nombre d'années : les
Rois qui les ont accordées, ne pouvoient agir,
felon cet Auteur, que par une faculté *procura-*
toriale. Vous y verrez la diftinction entre les
taxes internes & externes. Vous y découvrirez
dans tout fon jour, l'abfurdité de rendre les taxes
inféparables de la Repréfentation. Cela ne
peut & n'a jamais exifté nulle part. La fureté
au fujet des taxations, réfulte du nombre des
propriétaires puiffants qui forment la Chambre
des Communes, lesquels fouffriroient le plus,
fi l'on établiffoit des taxes oppreffives & injuftes.
C'eft ce qui fait la bonté de la Conftitution.
Vous y toucherez au doigt, l'abus qu'on a fait
des paroles de Locke, & les inconféquences ab-

fur-

furdes des Jurifconfultes qui foutiennent la caufe des Colonies.

Vous verrez encore combien quelques Colonies feroient à plaindre, fi l'on fuivoit à la lettre, le contenu de leurs prétendues Chartres. Auffi les Coloniftes ont été & font encore les plus grands réfractaires à leurs Chartres & à leur jufte connexion avec la Mere-Patrie. Vous y verrez encore en détail, toutes les circonftances de l'Acte du timbre, dont je vous ai parlé ci-deffus.

Vous verrez par l'Hiftoire Chronologique depuis la fondation des Colonies, la Suprématie du Parlement établie, même du tems des Stuarts. Cela eft prouvé d'une façon inconteftable par le fait & par le droit : ce qui à été de tout tems, foutenu par tous les défenfeurs de la Liberté & de la Conftitution Britannique. Cette Hiftoire analitique des Chartres, eft auffi curieufe qu'intéreffante.

Vous verrez avec étonnement l'attention paternelle des Parlements, à l'égard des Colonies, puifque même quand il en a exigé quelques jufte retribution ; on les a toujours plus ou moins dédommagées par d'autres avantages qu'on leur à accordé ; par exemple, en dernier lieu lors de la révocation de l'acte du Timbre (*qu'on n'auroit jamais dû revoquer*) on avoit établi

pour

pour la dépenſe de l'adminiſtration de la Juſtice, & du Gouvernement Civil des Colonnies, un très petit droit ſur les verres, ſur le marocain, ſur la céruſe, ſur les teintureries, ſur le thé, & ſur le papier. D'un autre côté, pour compenſation, on avoit accordé aux Colonies, de nouveaux encouragements pour l'exportation du Caffé, du Cacao du produit des Colonies. Obſervez qu'on a ſupprimé tous ces articles ſur leurs remontrances qu'ils nuiſoient au Commerce : on a ſeulement conſervé un droit de trois ſols par livre ſur le thé, en exonérant d'un autre côté, d'un chelin par livre, le droit auquel le thé étoit aſſujetti en ſortant du Royaume ; deſorte que cette légère taxe étoit plûtôt un grand ſoulagement qu'une charge, puiſqu'on a exonéré quatre fois le montant de l'impôt ſur cette denrée. Voici ce qu'on lit dans le Docteur Tucker à ce ſujet.

„ S'il y a, dit un Négociant de Londres à
„ ſon neveu en Amérique, à ſe plaindre de la
„ partialité du Parlement, c'eſt en faveur des
„ Colonies contre la Mere-Patrie. Mes Ga-
„ rants ſont les ſtatûts du Royaume : ils ne
„ ſauroient être plus authentiques. Il apert
„ par ces ſtatuts, que les Colonies ſubordon-
„ nées à la Mere-Patrie, *ſelon la Nature des*
„ *choſes*, ſont néanmoins ſur un meilleur pied

à

„ à plusieurs égards , que les habitants de la
„ grande Bretagne. Par exemple, vous avez
„ le choix d'accepter ou non le prix que je
„ vous offre de votre tabac, après que vous l'a-
„ vez apporté chez nous. Vous pouvez cher-
„ cher un meilleur marché ailleurs; mais nous
„ n'avons point d'alternative ; nous sommes
„ obligés de l'acheter de vous à votre prix, ou
„ de payer de tels droits pour celui qui vient
„ d'ailleurs, que cela équivaut à une prohibi-
„ tion: le tout pour favoriser vos plantations.
„ Il nous est défendu de planter cette herbe
„ dans nos propres Etats , quelque favorable
„ que soit le sol pour cette culture. Mêmes
„ avantages touchant le Ris. Que direz-vous
„ du chanvre? Le Parlement vous accorde un
„ prix de 8 L. par tonne, pour exporter vo-
„ tre chanvre de l'Amérique Septentrionale; &
„ il ne nous accorde rien pour celui qui pro-
„ vient du crû d'Angleterre. Au contraire, il
„ y a de grandes pénalités pour ceux qui le
„ feroient venir d'ailleurs. Vous avez encore
„ des primes immenses pour la culture des
„ soyes crues, & d'autres encouragements à ce
„ sujet. Nous n'en recevons aucun, quoique
„ les muriers blancs viennent sur notre sol aussi
„ bien qu'en Suisse & en Dannemark où il y
„ en a un grand nombre. Pourquoi ne nous

„ est-

„ eſt-il pas permis d'acheter de la Poix , du
„ Goudron , de la Térébentine , ſi néceſſaires à
„ la conſtruction de nos vaiſſeaux , de l'Indigo
„ ſi néceſſaire à nos Manufactures ; pourquoi
„ dis-je , ne pouvons-nous acheter aucun de
„ ces articles que chez vous , quoique nous
„ puiſſions les avoir ailleurs à meilleur marché ,
„ dans le tems que vous recevez encore des
„ primes pour vendre ces articles au ſeul mar-
„ ché où vous pouvez le faire avec avantage ,
„ viz en Angleterre? on peut dire encore da-
„ vantage à ce ſujet par rapport aux Colonies
„ à ſucre ; mais cela ſuffit pour prouver que
„ de tous les Peuples du monde , vous êtes
„ celui qui a le moins de raiſon de ſe plaindre".
Tucker, *pag.* 119. &c. 2e. Edition.

En Récompenſe de tous ces bienfaits, les
Colonies ont, depuis 25 ans, toujours fait la
contrebande, même pendant la guerre, pour
favoriſer les ennemis de la Patrie, par une ava-
rice ſordide. Il eſt prouvé qu'elles ne font
avec l'Angleterre, que le Commerce qui leur
eſt favorable.

Vous verrez prouvé d'une façon victorieuſe,
que ce ne fut pas l'Acte du Timbre, mais plutôt
ſa révocation, qui fut la cauſe funeſte des troubles ſous lesquels on gémit ; le parti de l'oppo-
ſition & les ſophismes pompeux de leurs Avo-

cats,

eats, ont fait tourner la tête aux Américains.
Vous admirerez la force victorieuse & éner-
gique, avec laquelle Mr. Lint pulvérise deux
accusations, qu'on n'a pas eu honte de faire
contre le Parlement, lorsqu'on a fermé le Port
de Boston , parce que les Bostoniens avoient
brulé le Thé , & maltraité de la façon la plus
indécente & la plus atroce, les Employés de la
Légiflation. On les a condamné, disent ils, fans
les entendre, & on a enveloppé l'innoçent avec
les coupables, comme fi indépendamment du
corps du délit, cet attentat public, préparé,
réfléchi & foutenu par le plus grand nombre
des Bostoniens, avoit befoin d'autre preuve. Il
eft vrai que ceux qui ont exécuté ces brigan-
dages, étoient masqués ; mais leur inftigateurs,
& fauteurs ont publiquement autorifé, approuvé
& protégé, fans déguifement, ces excès énormes.
l'Auteur après avoir prouvé judiciairement la
futilité de ces rifibles accufations, finit par ob-
ferver, que l'intention du Parlement dans l'Acte
en queftion , n'a jamais été de faire fouffrir,
ni les innoçens ni les coupables ; mais il a fup-
pofé que ceux qui n'étoient pas complices
d'un crime fi public & fi inoui , auroient uni
leurs efforts pour obliger les coupables à repa-
rer les torts qu'ils avoient fait, en fe foumettant
à l'obeiffance des loix. Si ceux de Boston

Bofton euffent tenu cette conduite , comme ils le devoient, il n'y eut pas eu de punition ; mais comme ils n'ont point fecondé ni foutenu la Légiflation, on ne fçauroit non plus les confidérer comme tout-à-fait innocens. Après la Juftification pléniere de l'Acte contre les Boftoniens , l'Auteur cenfure plufieurs Articles des Actes fubféquens où il trouve plufieurs deffectuofités, qu'on auroit pu corriger : ils viennent tous d'être abrogés, & il ne refte que celui de Québec.

Notre Auteur fait voir par la Capitulation faite entre le Général Amherft & le Marquis de Vaudreuil, la juftice de principaux avantages accordés aux Canadiens , quoique dans le détail de l'Acte il trouve des omiffions, effentielles. Après tout ce qui a été allégué & prouvé dans les trois ouvrages que je cite, on ne fçauroit difconvenir que la guerre que S. M. B. eft forcée de faire aux Colonies rebelles, ne foit la plus jufte & la plus inévitable que jamais on ait entreprife ; & fi quelques Provinces d'Amérique viennent, par la fuite du tems, à perdre les avantages dont elles jouiffoient & qu'on vouloit encore augmenter, c'eft leur propre faute ; & c'eft à elles-mêmes qu'elles doivent s'en prendre.

Le Plan de réconciliation propofé par l'Auteur, feroit excellent & jufte, fi les Americains

avoient

avoient la moindre notion de juſtice & d'équité.

Si quelqu'un après avoir lu les deux Traités que je vous indique , peut encore défendre la conduite des Colonies, il faut le plaindre , & ſuppoſer charitablement que c'eſt un effet de ſon ignorance & non de la méchanceté de ſon cœur.

P. S. Je me ſuis prêté avec plaiſir , au défir que des ames honnêtes & vertueuſes m'ont té-moigné de voir l'impreſſion de cette Lettre, pour ſervir d'antidote à un Ecrit intitulé , *Pré-cis des différends , ſurvenus entre la Grande-Bretagne & ſes Colonies.* Cet ouvrage n'eſt pas ſeulement rempli de fauſſetés palpables, de faits exagérés, de ſophismes captieux, de no-tions déceptrices; mais l'Auteur ſe croit enco-re autoriſé à devenir l'écho des Démagogues Américains Il s'émancipe à pouſſer l'indécen-ce juſqu'à inſulter un Monarque , connu pour être un des plus honnêtes hommes de ſon Ro-yaume, & le Roi le plus pieux & le plus bien-faiſant qui ait jamais rempli le trône : il calom-nie avec autant de dureté, que d'injuſtice, une Nation ſupérieure & reſpectable à tous égards. Cet écrit & ceux qui lui reſſemblent, outre les inepties, les paralogismes & les fauſſetés dont

ils

ils fourmillent , renverfent encore tout l'ordre des évenemens & de la faine Logique.

L'Auteur du précis , commence par exagérer des griefs illufoires qui n'ont jamais exiflé, & omet tous les bons procédés du Parlement qui avoit accordé & qui vouloit encore accorder aux Colonies beaucoup plus qu'elles n'avoient droit de prétendre ; & lorfque le Roi & le Parlement leur donnoient des témoignages fi éclatants de tendreffe & de bonté, elles fe font abandonnées aux excès les plus criminels. L'Auteur a tâché de convertir par la plus mauvaife foi du monde, des punitions, peut être trop légères , en des griefs fondamentaux. Avec une Logique auffi abfurde, on pourroit condamner tous les Magiftrats, tous les Gouvernemens & tous les Rois de l'univers, & les ranger au nombre des Tyrans Defpotes, & des violateurs du droit naturel. On diroit qu'il eft du bon ton d'infulter l'Angleterre par les Diatribes les plus calomnieufes. Le mal que de pareils écrits font en Angleterre, où l'abus eft devenu énorme, eft cependant moins nuifible. Les Anglois à la longue, favent à quoi s'en tenir. Ils regardent cet abus, comme un mal néceffaire qui produit un grand bien. On le regarde comme un frein pour retenir les Miniftres : on prend l'extrême pour conferver l'équiliquilibre. D'ailleurs ces Sophismes font fi bien réfutés, qu'au bout de quelque tems, prefque tout le monde en Angleterre, & peut-être déjà en Amérique, reconnoit la vérité. C'eft ce qui arrive actuellement. Presque toute la Nation Angloife reconnoît le tort des Colonies : l'oppofition eft reduite à un petit nombre de partifants : il n'en eft pas de-même chez l'étranger: on n'entend pas l'Anglois: ces réfutations ne font ni traduites ni connues; & l'on devient la dupe des lieux communs des Avocats des Colonies. Ces Ecrits pourroient caufer de plus grands malheurs au genre-humain, en replongeant l'Europe dans de nouvelles guerres: ce font là les vœux des Colonies & de leurs adhérents. Mais heureufement la Providence a placé fur le trône de France, un jeune Roi, qui dans l'aurore de fon Règne, fait briller toutes les vertus qui ont orné les Titus & les Antonins. Ses illuftres Miniftres font dignes d'un fi grand Monarque. Il y a en France trop de gens fages & éclairés, pour laiffer tromper la Nation par ces Entoufiaftes flatteurs, qui fe croyent bons patriotes François en déclamant contre l'Angleterre. De pareils écrits ont été autrefois la caufe de grands malheurs, en induifant en erreur les Puiffances, par des menfonges flatteurs. Les gens fages, les veritables enfants

de

de la liberté, n'aiment point les Apologiftes de l'Anarchie & du défordre. Ce font des efpèces d'incendiaires politiques, qui, fous le masque de la liberté qu'ils profanent, allument de tout côté, les feux de la guerre & de la difcorde. On veut croire charitablement que ce n'eft pas là leur intention ; c'eft pourquoi on fe flatte qu'ils fe corrigeront.

F I N.